AGENTES DEL REINO

25 PRINCIPIOS Y PERSPECTIVAS DE LIDERAZGO PARA EL OBRERO DE DIOS

VOLUMEN 1

Por David Mayorga

Publicado por

www.shabarpublications.com

*Copyright © 2020 by David Mayorga.
All rights reserved.*

Dedicación

Estos apuntes y todos los escritos que vayan a llegar a mi corazón en los años venideros, los dedico a todos los siervos del Señor que han entregado "el todo" por agradar a Dios con sus vidas y ministerios.

El propósito de estas lecciones es para capacitar y profundizar la vida de todo aquel que tenga oído para oír lo que el Espíritu de Dios le eneseñe.

Mi clamor por la iglesia y por todo obrero de nuestro Señor Jesucristo es que sigan adelante hasta que Su gloria llene la tierra!

En cuanto a la pasión de cada obrero, no hay que permitir que el fuego de Dios se apague: **"Y aun en la vejez y las canas, no me desampares, oh Dios, hasta que anuncie Tu**

poder a esta generación, Tu poderío a todos los que han de venir." (Salmo 71:18)

Tabla de Contenido

Capítulo 1: ¡Excepto Un Poco de Aceite! 6

Capítulo 2: ¡Descargas Celestiales! 10

Capítulo 3: ¡A Solas! 14

Capítulo 4: ¡Cuida Bien! 19

Capítulo 5: ¿Porqué No Hay Madurez? 24

Capítulo 6: ¿Lo Conoces? 30

Capítulo 7: Una Nueva Orden: "¡Decidete!" 35

Capítulo 8: ¡Hay Que Tener Fe Hasta el Fin! 41

Capítulo 9: ¡El Espíritu de Dios Te Enseñará! 47

Capítulo 10: ¿Tienes Sed? 52

Capítulo 11: ¡Destinguidos Por Dios! 59

Capítulo 12: ¡¿Terminaste Tu Torre?! 64

Capítulo 13: ¡El Secreto del Aprendíz! 70

Capítulo 14: ¡El Corazón del Líder Necio! 75

Capítulo 15: ¡El Celo y la Envidia! 80

Capítulo 16: ¿Qué Voz Te Está Guiando? 85

Capítulo 17: ¿Eres Un Instrumento de Confianza! 91

Capítulo 18: ¡Examíname Oh Dios! 95

Capítulo 19: ¡Espera Tu Tiempo! 100

Capítulo 20: ¡Revestidos! 105

Capítulo 21: ¡En Dios - Todo Es Posible! 110

Capítulo 22: ¡El Valor de Esperar en Dios! 115

Capítulo 23: ¡Siervos de Calidad! 120

Capítulo 24: ¿Hasta Cuando? 124

Capítulo 25: ¡Jesus En la Barca! 128

Informacion de Ministerio 134

1

¡Excepto Un Poco de Aceite!

"¿Y qué puedo hacer por ti? —le preguntó Eliseo—. Dime, ¿qué tienes en casa? —Su servidora no tiene nada en casa —le respondió—, excepto un poco de aceite." (2 Reyes 2:4)

Meditando sobre esta porción de Escritura esta mañana, sentí que Dios me empezó a revelar la gran necesidad de considerar todos los recursos que tenemos a nuestra disposición.

Muchas de las veces, somos culpables de no ver la "salida" en medio de la dificultad. Buscamos grandes "puertas de escape" sin saber que lo necesario es una simple "gota de aceite." ¡Este es el patrón de Dios!

¡La Fe No Espera!

Debemos entender que si Dios nos llama a tomar pasos hacia al frente – son pasos de fe. Cuando Dios dice, "Ve" – esto significa caminar con todo lo que tenemos a la mano en ese momento. ¡La fe, no espera!

La viuda en esta historia nos enseña nuestras vidas presentes. Ella es un espejo de lo que nosotros a veces pensamos cuando se trata de lograr algo en la vida. ¡Vemos tan poco! Casi siempre nos enfocamos en cantidades y no en lo que Dios dice y que tan inmenso es nuestro Dios. Amen.

¡Un Dios Sin Limites!

Cuando vemos con nuestros ojos lo que tenemos a la mano, creo que dudamos demasiado; o sea - no vemos las posibilidades que Dios tiene en mente. La verdad es que no se puede culpar a una persona por pensar pensamientos pequeños – pero si se le puede desafiar a poner su fe en Dios. Es por falta de visión que nuestra visión personal es limitada y no logramos ver la dimensión de Dios.

¡Escondidos en Jesucristo!

La meta para caminar en a la dimensión que nos puede dar esperanza y victoria sobre este mundo caído (lleno de negatividad) se encuentra en el subir a lugares celestiales en Cristo Jesús. Es ahí donde encontramos nuestra verdadera esencia. ¡La razón de vivir es estar escondidos en Cristo Jesús! (Colosenses 3:1)

Te animo este día a buscar refugio detrás de nuestro Señor Jesucristo. ¡Solo en El, encontraras el patrón para tu vida y todos los recursos para cumplir Su perfecta voluntad!

Puntos de Impacto

- Si estas pasando por algo difícil, pon tu mirada en Dios. El no hacerlo, es refugiarte en tus propias fuerzas y conocimiento. Esto produce ansiedad a tu vida. La ansiedad estremece tu cuerpo negativamente.

- ¡Cuando el desafío llega, no veas a la derecha ni a la izquierda – habla con el Espíritu de Dios! El te dará la solución a todo.

- Reconoce que Dios no necesita cantidad para lograr Su propósito en ti. Solo necesita tu dis posición. Se rápido para reconocer lo que te pide; ¡se rápido para hacer lo que te pide!

2

¡Descargas Celestiales!

"Y, mientras oraba, se abrió el cielo, y el Espíritu Santo bajó sobre él en forma de paloma." (San Lucas 3:21b-22a)

Esta mañana quiero enfocarme en un gran secreto que nuestro Señor Jesucristo nos dejo como formula, patrón, o estrategia para recibir descargas celestiales.

Estas descargas celestiales son la potencia de Dios en el corazón y la mente del ser humano y también proveen la emoción detrás de todo lo que Dios desea lograr en la tierra a través de Sus siervos.

Primero, permítame explicar lo que es una descarga celestial. Descargas celestiales en general, son los pensamientos y las emociones de Dios comunicadas a un corazón humilde y dispuesto. Estos pensamientos normalmente son dados a siervos de Dios los cuales Dios puede confiarles estas ideas o pensamientos.

La Escritura en San Lucas 3:21, nos deja ver el resultado de lo que sucede cuando nuestro Señor Jesucristo oró. Dice ahí que: "**…mientras oraba, se abrió el cielo…**"

La Mente y Corazón de Dios

La mente y corazón de Dios solo se revelan, cuando el siervo de Dios se sintoniza con el corazón de Dios. Es necesario tener esta postura, si es que el vaso va a ser lleno de las ideas de Dios.

El no querer pasar el necesario tiempo en sintonía con Dios, es vivir una vida dirigida por el poder carnal y sabiduría humana. Esta forma de vivir no tiene la suficiente emoción como para vencer las tremendas pruebas y crisis que la vida trae.

Solo el corazón del siervo de Dios encendido con las ideas de Dios, tienen poder para vencer toda adversidad.

¡El Espíritu Santo Bajó sobre El!

Cuando uno lee estas palabras, uno se puede imaginar lo sucedido. Jesucristo oró y el Espíritu bajó sobre él. Es así, como Dios trabaja en nuestras vidas. Cuando hay disposición de nuestra parte y deseamos verdaderamente conocer Su voluntad, Dios nos mostrará Su plan.

La verdad de todo esto es lo siguiente: Dios quiere y desea revelar a Sus hijos todos Sus deseos.

Puntos de Impacto

- ¿Cuando fue la última vez que experimentaste descargas celestiales?

- Cuando Dios te dió esas ideas celestiales, ¿las aceptaste y las lograste?

- ¿Has hecho tu tiempo de oracion personal con Dios, tu prioridad numero uno en tu vida?

- ¿Crees que puedas seguir viviendo tu vida, tu negocio, tu minsterio sin tener las ideas de Dios?

3

¡A Solas!

Después de despedir a la multitud, subió al monte a solas para orar; y al anochecer, estaba allí solo." (San Mateo 14:23)

A través de los años, yo he tenido el placer de conocer personas que han cumplido grandes logros en sus vidas. Los grandes logros en las diferentes áreas como el negocio, el ministerio, con la familia, o simplemente con el desarrollo de sus propias vidas – estas personas pueden decir con gran autoridad, "Tomé estos pasos y me han producido gran fruto en mi vida."

O sea, lo que quiero decir es lo siguiente: Hay una razón, por la cual, ¡personas logran grandes cosas en la vida!"

El Secreto de Jesucristo

No tomando en cuenta que nuestro Señor Jesucristo era y sigue siendo el hijo de Dios, sabemos que Jesucristo padeció muchas pruebas en Su corta vida aquí en la tierra. Cualquier persona que haya estudiado la vida de Jesucristo en los evangelios podría testificar que esto es verdad.

Aunque nuestro Señor sufrió en grande, de todos modos, se mantuvo fiel a Su llamado. ¡Tuvo la oportunidad de darse la "media vuelta" y decir, "Ya no sigo mas!" ¡Gracias a Dios Padre y al Espíritu Santo que lo sustentaron hasta el fin! Amen.

Pero detrás de todo Su éxito, nuestro Señor Jesús mantuvo uno de los hábitos mayores – el habito de tener comunión con Su Padre Celestial. ¡No solo oraba en tiempos de crisis, pero oraba al diario! ¿Porque lo hacia?

Por esta razón: Era necesario tener la seguridad de que El Padre iba por delante – guiándole y dándole revelación necesaria para que hacer, como hacerlo y cuando hacer la voluntad del Padre.

Subió al Monte Asolas...

Cuando hablamos de una vida de oración, estamos hablando de una vida continua de comunión. La oración con Dios es mas que una oración de veinte segundos a la hora de la comida; la oración es mas que un clamor en tiempo de necesidad; la vida de oración es la vida que dice: "Yo voy a buscar al Padre porque necesito de El en mi!"

Subir asolas no es fácil. La carne odia la soledad. La carne prefiere oración en grupo. Si existe el tiempo de oración en grupo y tiene su lugar en la iglesia - pero la oración asolas, es donde el Padre estabiliza a Sus siervos.

El Sabe Quienes Son

El carácter del siervo de Dios es moldeado (cuando esta asolas) de tal modo que lo califica para tener acceso a los secretos de Dios. El que no sabe, es porque nunca ha escuchado los secretos de Dios. ¡Muchos dicen, "Dios nunca me habla a mi!" La verdad es que Dios siempre habla, pero solo al corazón que esta dispuesto ha escucharle. ¡El sabe quienes son!

¿Hasta Cuando Señor?

La pregunta de preguntas es: ¿Hasta cuando dejo de orar? Muchos buscan tiempos, o sea, cuantos minutos, horas, o días. La respuesta es esta: Hasta que tu corazón este contento con tus peticiones, respuestas y paz que Dios da. Cuando esto se sienta en ti, entonces te puedes regresar a tu vida cotidiana y decir a todos, ¡"Tuve un buen tiempo en la presencia de mi Padre!"

Puntos de Impacto

☐ ¿Llevo una vida de comunión con Dios al diario?

☐ Para entrar en sintonía con Dios, debemos salirnos de un ambiente donde hay mucho ruido.

☐ El Señor desea hablar con nosotros sobre temas que impacten Su reino.

☐ La comunión con Dios es el tiempo para escuchar y formar estrategias que nos darán victoria en todas áreas de nuestras vidas.

4

¡Cuida Bien!

"Timoteo, ¡cuida bien lo que se te ha confiado!" (1 Timoteo 6:20)

Al leer estas palabras de Pablo hacia Timoteo, me puede imaginar en la gran dificultad que Timoteo se encontraba.

Durante sus días de vida, la persecución de los cristianos había empezado. No era fácil ser líder en los tiempos de la iglesia primitiva. Sin embargo, el Apóstol Pablo capacito a Timoteo a ser un gran líder en la iglesia.

Timoteo vivió en los tiempos cuando la iglesia empezaba a tomar forma y su padre espiritual [Apóstol Pablo] le encomendó mucha instrucción para como liderar la iglesia durante tiempos turbulentos.

Dentro de los muchos consejos que el Apóstol Pablo le dejo a Timoteo, estaba una exhortación donde Pablo le dice a Timoteo que cuidara bien lo que se la había confiado. ¿Qué significaba esto? Esto significaba que Timoteo cuidara el ministerio que Dios le había confiado. Que fuera responsable con la obra de Dios.

¡Cuida Bien!

En este día quiero presentar la idea de lo que significa cuidar bien lo que se encomienda o confía.

En su forma original, la palabra cuidar bien significa vigilar. Dios nos ha llamado a vigilar todo lo que nos a dado.

La primera cosa que Dios nos llama a vigilar es nuestra

vida. Nuestra vida es la fuente de donde todo fluye. Dios no usa computadoras, usa humanos. Dios no usa edificios creados por manos – Dios usa templos humanos.

Todo lo que Dios hace, lo hace a través de la humanidad. Sin cooperación nuestra, las manos de nuestro Señor Jesucristo ¡están atadas!

En la medida en que vivamos nuestras vidas, es en la medida en que expresaremos a Dios. Todo empieza con la vigilancia de nuestra vida espiritual. Si la cuidamos, tendremos gran éxito. Si la descuidamos, lamentaremos después.

La segunda cosa que hay que vigilar, es nuestro ministerio. Nuestra intimidad con Dios es mas importante de lo que nos imaginamos. Después de estar en intimidad con Dios, nuestro ministerio nacerá de esa experiencia.

Nuestro ministerio debe ser una expresión de la intimidad con Dios. Lo que uno hace y dice es lo que uno ve al Padre celestial hacer. Jesús dijo, **"Siempre hago lo que al Padre le agrada."** ¡Esta debe ser la meta de todo creyente!

Para terminar, permítanme decir que vigilar nuestras vidas es responsabilidad nuestra. Somos responsables por buscar y tocar a Dios. Somos responsables en llevar acabo todo lo que nuestro Dios nos muestre a través de Su Espíritu. Amen.

Puntos de Impacto

- ¿Estamos cuidando bien lo que Dios nos ha dado?

- ¿Estamos vigilando nuestra vida y ministerio?

- ¿La obra que llevamos, acaso esta progresando?

- El llamado de Dios se toma mucha responsabilidad. ¿La has tomado?

5

¿Porque No Hay Madurez?

"La semilla que cayó entre los espinos, son los que han oído, y al continuar su camino son ahogados por las preocupaciones, las riquezas y los placeres de la vida, y su fruto no madura." (San Lucas 8:14)

Platicando con varias personas que caminan dentro del reino de Dios, una de ellas me hizo la pregunta, ¿"Porque no hay maduración en el cuerpo de Cristo?" Creo que me hizo una buena pregunta y digna de contestar.

He aquí lo que yo veo dentro de la Palabra de Dios que da a conocer los motivos de porque las personas no producen fruto en sus vidas…

Si en esta temporada de tu vida fueras honesto/a contigo mismo, me gustaría que te hicieras la pregunta, "¿Estoy madurando en las cosas de Dios?" Si ves que no avanzas, entonces presta mucha atención – pueda que Dios te revele algo de gran importancia a través de esta devoción.

Entre Espinos

Las palabras de nuestro Señor Jesucristo fueron las siguientes y dijo así, "Un sembrador fue a sembrar semilla…"

Las semillas cayeron en diferentes lugares y uno de esos lugares fue entre espinos. Jesucristo luego empieza abrir Su sabiduría y nos dice que esas semillas son como las personas que "oyen la palabra" y al continuar en el camino son ahogados!

He aquí un gran secreto: Simplemente porque uno asiste

al estudio de Biblia [sea en la iglesia o célula,] no significa que esto va a traer maduración a la persona. Es mas, creo que a veces la gente se engaña a si mismo creyendo que las cosas de Dios simplemente se escuchan, ¡pero no se practican o no se viven o toman por obra! Gran dilema.

Y al continuar...

La vida esta llena de adversidad y pruebas. Esto todos lo sabemos. Lo que no sabemos es los siguiente: ¡La adversidad provee la educación para la maduración en Dios!

Muchos dicen, "Yo he pasado mucho sufrimiento y dolor y se lo que me dice pastor." Mis amados, esto no se trata de cuantas pruebas y dolor hayas tenido en la vida. ¿Esto se trata de si te has alineado con el propósito de Dios por las cosas que has padecido?

Obvio que todos hemos sufrido de una manera o otra. Pero esto no es lo que yo estoy diciendo.

Tres Cosas que Ahogan y Roban La Madurez

1. *Preocupaciones*. Nada roba la paz y paraliza a una persona de fe que el afán. Las personas tienden a ver y enfocarse en todo lo que no pueden controlar y descuidan de lo que si pueden controlar. Se enfocan en las imposibilidades de la vida y flaquean en su caminar con Dios. Es imposible enfocarte en Dios y a la vez enfocarte en lo que domina tus pensamientos.

2. *Las Riquezas*. Las riquezas tienen un elemento básico. El elemento es la atención. Las riquezas no son malas. Las riquezas pudieran ser buenas en muchos aspectos. El error aquí es que las riquezas te roban la paz también; te quitan el enfoque de lo que de verdad es importante en la vida. La fuente de todas las riquezas es Dios, mas el rico no lo reconoce cuando es dominado por su ambición carnal.

3. *Placeres de la Vida.* Cuando Dios no es el centro de tu vida, la persona tiende a buscar entretenimiento para llenar su vacío. Es mas, uno busca el entretenimiento cuando pierde el gozo del Señor. Los placeres de la vida son todas esas cosas que no tienen valor eterno y son ilusiones que desaparecen como el viento. ¡Cuando ponemos nuestra mirada en cosas que no tienen valor, seremos continuamente defraudados!

Si nos dejamos llevar por lo que nuestros ojos desean, o nuestros oídos escuchan, nos encontraremos ahogados con nuestro propio mundo. Esto nos quitara el enfoque de crecer y madurar en Dios.

Puntos de Impacto

- ¿Estas caminando con Dios y no has madurado?

- Has la prueba: ¿Cuanto fruto has producido hasta ahorita?

- ¿La ultima cosa que Dios te pidió que hicieras, "Lo has hecho?"

6

¿Lo Conoces?

"Un día cuando Jesús estaba orando para sí, estando allí sus discípulos, les preguntó: —¿Quién dice la gente que soy yo? —Unos dicen que Juan el Bautista, otros que Elías, y otros que uno de los antiguos profetas ha resucitado —respondieron. —Y ustedes, ¿quién dicen que soy yo? —El Cristo de Dios —afirmó Pedro." (San Lucas 9:18-20)

Dice la escritura que Jesús estaba orando. Como el mundo se ve tan diferente cuando estamos orando y entramos en la presencia de Dios. Como todas las cosas a nuestro alrededor se convierten en sombras en la luz de Su presencia.

Estoy convencido que no hay ninguna cosa que pueda

substituir esta experiencia.

¡Cuando Ores!

Mis queridos hermanos, me gustaría que en esta devoción usted tomara unos minutos para evaluar las palabras de nuestro Señor Jesús.

Después de orar los discípulos llegaron ahí donde Jesús estaba y el les pregunto algo tan profundo: "Quien dice la gente que yo soy?" Wow.

¿Porque Jesús pregunto esto? ¿Porque no les pregunto algo diferente? Por ejemplo: "Como les fue el tiempo de ministración?" o "Están cansados?" o "Cuantas almas entraron al reino de Dios?" "Cuantos sanaron o fueron liberados de demonios?" ¡Ninguna señal de parte de Jesucristo por saber de la obra o el ministerio!

La segunda cosa que vemos es la siguiente: Los discípulos [no estando en oración,] le contestaron algo carnal -" **Unos dicen que Juan el Bautista, otros que Elías, y otros que un de los antiguos profetas ha resucitado."**

¡No Es Tanto Lo Externo!

Jesús no parecía estar interesado en nada externo, no parecía que le interesaba las opiniones de la gente, no! Jesús, como ya sabemos, estaba en la presencia de Dios orando. Cuando pasamos tiempo en el lugar de eternidad, hacemos preguntas con valor eterno.

El hombre carnal busca las cosas de la carne mas el hombre espiritual busca las cosas eternas.

A veces pienso que muchas de las decisiones que tomamos, si no nacen en el lugar secreto, no tendrán buenas consecuencias eternas. Es por esta razón, que muchos siempre están lamentando por sus malas decisiones. ¡Todos hemos pasado por aquí!

Finalmente, Jesús escucho algo celestial de la boca de uno de sus discípulos: **Y ustedes, ¿quién dicen que soy yo? — El Cristo de Dios —afirmó Pedro."**

Es obvio que Pedro había escuchado algo celestial en sus tiempos de oración. Tal ves en una de esas noches obscuras y frías en el Getsemaní. No lo se, pero Jesús tomo nota de esto.

Mis hermanos, al caminar con el Señor, debe haber una entrega total; debe haber un hambre por ser mas íntimos con El. Solo así, podremos contestar bien y no ser avergonzados cuando nuestro Señor Jesús nos pregunte, **"¿Quién dice la gente que soy yo?"**

Punto de Impacto

- ¿Busco la intimidad cuando estoy asolas con Dios?

- El tema de ser "íntimos con Dios," nos suena muy agradable, ¿pero lo somos?

- ¿Te preparas al diario para tener este tipo de relación con Dios?

7

Una Nueva Orden: "¡Decídete!"

"Iban por el camino cuando alguien le dijo: —Te seguiré a dondequiera que vayas. —Las zorras tienen madrigueras y las aves tienen nidos —le respondió Jesús—, pero el Hijo del hombre no tiene dónde recostar la cabeza. A otro le dijo: —Sígueme. —Señor —le contestó—, primero déjame ir a enterrar a mi padre. —Deja que los muertos entierren a sus propios muertos, pero tú ve y proclama el reino de Dios —le replicó Jesús. Otro afirmó—Te seguiré, Señor; pero primero déjame despedirme de mi familia. Jesús le respondió—Nadie que mire atrás después de poner la mano en el arado es apto para el reino de Dios." (San Lucas 9:57-62)

Creo que uno de los hábitos que el ser humano debe desarrollar es el habito de siempre hacer y tomar decisiones seguras. ¡Que nuestras decisiones sean echas con confianza y con valor!

No se cuantas veces me he encontrado con personas ordenando comida en un restaurante y ver el menú y repasar el menú, por lo que parece ser por horas – simplemente por que no saben lo que quieren comer. ¡Impresionante!

Esto dice mucho de la persona. ¡Si así es con el pedido de una orden de comida (que por cierto no es cosa grave,) imagínese con cosas de valor e importantes que si son de mayor importancia!

En el mundo cristiano, parece ser que esto es tan común cuando se trata de tomar decisiones en el caminar con Dios.

Las personas que vienen y se convierten y entran al reino de Dios usualmente es por una gran necesidad en sus vidas. Creo que este ha sido el motivo para todos. Ahora, cuando uno se le requiere tomar pasos hacia delante, ¡fe es requerida!

La Respuesta Típica

¿Hace unos días, le pregunte a una persona que si iban a seguir en el camino con Dios y si iban a tomar pasos de fe? Me contesto esta persona, "Bueno, pues si se puede, esto quiero hacer." Esa respuesta me hizo pensar mucho.

Mucho creyente y líder en la iglesia contesta a si. No hay seguridad en su caminar; no hay confianza en sus decisiones. El caminar parece ser de "día con día." Me recuerda a ese canto antiguo, "Un Día a La Vez." Por cierto, no es uno de mis favoritos.

Entre La Platica...

En las escrituras de esta devoción encontramos ciertos que expresaron "interés" en seguir a Jesucristo en el ministerio: Uno de ellos se invito solo y dijo, **"Te seguiré a dondequiera que vayas."** Obvio, Jesús le dijo no es fácil. **"No tengo ni donde recostar mi cabeza,"** le dijo el Señor Jesús. A uno de ellos Jesús lo invito personalmente - escuche: **"A otro le dijo: —Sígueme.** —Señor —le contestó—, primero déjame ir a enterrar a mi padre. —Deja que los muertos entierren a sus propios muertos, pero tú ve y proclama el reino de Dios —le replicó Jesús." A este, Jesús le dijo con la intención de educarlo, **"Deja que los muertos entierren a sus propios muertos, pero tu ve y proclama el reino de Dios."** O sea, la agenda de seguir a Dios tiene que ser fija. Uno no puede decidir el tiempo cuando las cosas sean convenientes.

Una Nueva Orden

Cuando una persona decide seguir a Cristo, no solo toma una decisión en seguirlo, pero aun mas, entra también a una nueva orden.

La nueva orden tiene que ver con la habilidad de someterse a los pensamientos y deseos de Dios.

Esta nueva orden se demuestra aquí en estos versículos.

¡Si una persona realmente anhela seguir a nuestro Señor Jesucristo a donde quiera que el vaya [y lo vuelvo a repetir,] tendrá que someterse a Sus deseos!

Puntos de Impacto

☐ ¿Uso excusas cuando Dios me pide que hagas

algo para Su gloria?

- [ ] ¿Todavía sigues luchando con Dios por causa de tus caprichos?

- [ ] Sumisión a Su Espíritu es la Nueva Orden. ¿Me dejo llevar por el Espíritu de Dios?

- [ ] ¿Obedezco el gobierno de Dios en mi vida y a todas las autoridades que están sobre mi?

8

¡Hay Que Tener Fe Hasta el Fin!

"Entonces Judá fue con Simeón su hermano, y derrotaron a los cananeos que vivían en Sefat, y la destruyeron por completo. Por eso pusieron por nombre a la ciudad, Horma. Y Judá tomó a Gaza con su territorio, a Ascalón con su territorio y a Ecrón con su territorio. El SEÑOR estaba con Judá, que tomó posesión de la región montañosa, pero no pudo expulsar a los habitantes del valle porque éstos tenían carros de hierro." (Jueces 1:17-19)

Encontré algo muy interesante en mi tiempo con Dios esta mañana que relaciona con nuestra habilidad de creerle a Dios cuando nos manda hacer algo para el avance de Su reino.

Se Toma Fe Para Empezar la Batalla

Primero quiero decir que se toma fe para tomar acción. Es necesario primero escuchar a Dios para recibir revelación de lo que El quiere de nosotros. Fe de Dios en nuestros corazones es el primer paso. Esto debe salir de nuestra intimidad con Dios.

Dios envió a Judá a la batalla y así posesionar la tierra que El les había dado. Quiero que note: Esto no fue idea de Judá y Simeón su hermano – esta idea nació en el corazón de Dios.

Se Toma Fe Para Mantenernos en la Batalla

Es importante cuidar la intensidad de nuestro compromiso y mantener la fe en lo mas alto posible.

Las Escrituras dicen que, "...derrotaron a los cananeos que vivían en Sefat, y la destruyeron por completo." También dice, **"Y Judá tomó a Gaza con su territorio, a Ascalón con su territorio y a Ecrón con su territorio. El SEÑOR estaba con Judá, que tomó posesión de la región montañosa..."**

Hermanos, es obvio, que Dios estaba con ellos y ellos estaban en un anime con Dios. Esto es importante si vamos a avanzar a nuestro destino en Dios.

Parece ser que todo marchaba bien y que la Tierra Prometida seria conquistada sin problema hasta que algo sucedió.

Se Toma Fe Para Acabar la Batalla

Creo que todos somos buenos para empezar algo, pero no todos somos fieles para terminar la carrera que empezamos. Escuche lo que sucedió después de tener continuo éxito en derribar al enemigo: "**...pero no pudo expulsar a los habitantes del valle porque éstos tenían carros de hierro."**

Mi pregunta es la siguiente: ¿Desde cuando los carros de hierro son mas fuertes que Dios? ¿O desde cuando Dios teme al enemigo o no pueda expulsarlo? ¡Esto es bien interesante!

¿Que sucedió? ¿Porque cambio la mentalidad de estos valientes? ¿Porque es que de repente, carros de hierro se convirtieron en obstáculos para Dios?

Cuando La Fe No Esta Activada

¡Bueno, de seguro sabemos que Dios no cambio! El que cambio fue el hombre cuando quito sus ojos de de la grandeza de Dios y los puso en los carros de hierro. Esto fue la causa de que desmayaran sus corazones y entraran en duda.

Una batalla se tiene que luchar con toda la fe de Dios hasta que la conquista llegue. ¡No podemos quitar la mirada de nuestra meta hasta que se cumpla todo lo que Dios nos prometió!

Punto de Impacto

- La intimidad con Dios es la orden para recibir instrucción de Dios.

- ¡La batalla no se termina hasta que se termina!

- Nunca me debo creer de lo que mis ojos naturales ven hasta que mis ojos espirituales me revelen los que Dios dice sobre cualquier asunto.

☐ Siempre hay que estar conscientes de permanecer en la fe y siempre encendidos en el espíritu.

9

¡El Espíritu de Dios Te Enseñará!

"Cuando los hagan comparecer ante las sinagogas, los gobernantes y las autoridades, no se preocupen de cómo van a defenderse o de qué van a decir, porque en ese momento el Espíritu Santo les enseñará lo que deben responder." (San Lucas 12:11, 12)

Durante los tiempos cuando nuestro Señor Jesucristo camino la tierra, enseno muchos principios del reino de Dios. Enseno y profetizo sobre tiempos donde Sus seguidores pasarían adversidad y circunstancias difíciles. Les aseguro que habría también un tiempo donde ellos serian arrestados por gobernantes y autoridades y tendrían que defenderse.

Jesús les afirmo que cuando esto sucediera, "**el Espíritu Santo les enseñaría lo que deben responder.**"

¡El Poder De Dios en Acción!

En mi caminada con Dios, yo he descubierto unos grandes secretos de cómo vivir una vida con propósito y el poder para llevar esos propósitos acabo. Me gustaría compartir con usted estas dos grandes cosas que yo creo serian de bendición.

La primera, es la dedicación de preparación y desarrollo. ¡Creo que nosotros como hijos de Dios, debemos ejercer el estudio con extremo fervor! No hay nada que pueda substituir esta parte de nuestro ser – que formar un habito de estudiar diariamente.

¿Que es lo que se estudia? Bueno para empezar, la Biblia

seria una buena idea. En ella encontraremos la mente de Dios revelada al hombre. Es aquí donde desarrollamos nuestra filosofía basada en principios seguros.

Otros temas de gran beneficio serian el área de relaciones amistosas, economía y finanzas personales, ciencia, historia bíblica y secular, y muchas cosas de gran interés para el desarrollo mental. (¡No olvide que, durante su tiempo de estudio, hago lo posible de siempre mantenerse humilde y quebrantado en espíritu delante de Dios! Esto nos servirá como protección y no caer en la tentación de presumir algo que no somos.)

La segunda cosa es, tratar de vivir siempre bajo la unción del Espíritu de Dios. O sea, es bueno capacitarnos mentalmente y muy necesario en hacerlo – pero hay que no olvidar al que vive dentro de nosotros, el Espíritu Santo.

Es el Espíritu Santo, el cual despierta nuestro ser. El vivifica nuestras mentes, corazones y cuerpos para hacer la voluntad de Dios.

¡Solo Su Espíritu Conoce el Camino!

Nosotros como siervos de Dios, debemos darle siempre lugar a la voz interna de Dios. Su Espíritu conoce el camino que debemos tomar. Seriamos muy sabios en ver y entender los deseos de Dios en todo.

¡Es la mente que nos da la información; pero es el Espíritu Santo que nos da revelación!

Hay que echarle muchas ganas al estudio y el desarrollo mental y a la vez depender de Dios que nos dirija aquí en la tierra.

¡Debemos siempre trabajar arduamente como si todo dependiera de nosotros y orar con fervor, como si todo dependiera de Dios!

Puntos de Impacto

- ¿Has formado un habito de estudio en tu vida?

- Cada tema que estudies te abrirá puertas de oportunidad. ¡Entre mas busques - mas encuentras!

- ¿Has aprendido a discernir la voz de Dios?
  Si todavía no has aprendido a discernir la voz de Dios, pídele al Señor Jesús que te ensene.

- ¡Solo el Espíritu de Dios conoce la mente de Dios – busca mas de Su Espíritu!

10

¿Tienes Sed?

"Al terminar de hablar, arrojó la quijada de su mano, y llamó a aquel lugar Ramat Lehi. Después sintió una gran sed, y clamando al Señor, dijo: «Tú has dado esta gran liberación por mano de Tu siervo, y ahora, ¿moriré yo de sed y caeré en manos de los incircuncisos?». Y abrió Dios la cuenca que está en Lehi y salió agua de ella. Cuando bebió, recobró sus fuerzas y se reanimo."
(Jueces 15:17-19)

La historia mencionada aquí según las Escrituras nos dice que Sansón había tenido una gran victoria en Lehi, matando mil filisteos con la quijada de un asno. ¡Imagínese esto! Esto nos comprueba una vez mas que el Señor estaba con el y el Espíritu de Dios reposaba sobre el.

Cuando uno se pone a meditar sobre estos eventos y como Dios usaba al hombre es de verdad impresionante. No cabe duda de que Dios equipa a Sus siervos para toda obra.

Fuerzas Alteradas

Creo que cuando Dios nos da revelación juntamente con la instrucción de cómo vivirla y ponerla por obra; la emoción dentro de nosotros esta alterada a cierto nivel y Dios acompaña a Su siervo para obtener una gran victoria.

Por esta razón, uno debe actuar tan pronto uno reciba la revelación y no esperar hasta que uno se sienta capacitado o con mas habilidad de llevarla acabo. ¡Recuerde, es Dios el que dio la idea – la revelación no nació dentro de la mente y corazón del hombre!

El Símbolo de Agua

Algo de gran interés aquí es lo siguiente:

Cuando Sansón alcanzo esta gran victoria, la Escritura dice que **"sintió gran sed y clamo al Señor..."**

Agua siempre a simbolizado al Espíritu de Dios. Ya sea en el Antiguo Testamento o en el Nuevo - agua siempre a sido símbolo del Espíritu Santo.

Recuerde lo que Jesucristo le dijo a la mujer Samaritana en aquel día: **"Todo el que beba de esta agua volverá a tener sed —respondió Jesús— pero el que beba del agua que yo le daré no volverá a tener sed jamás, sino que dentro de él esa agua se convertirá en un manantial del que brotará vida eterna. —Señor, dame de esa agua para que no vuelva a tener sed ni siga viniendo aquí a sacarla."** (San Juan 4:13-15)

Jesucristo promete un manantial que brotara vida eterna dentro de todo aquel que crea en El. Otra versión dice que El pondrá ríos [no solamente uno, pero muchos,¡] dentro todo aquel que crea en El!

¡El Ministerio Produce Desgaste!

Toda persona que ministra para Dios sufrirá el desgaste por la razón de dar todo lo que trae dentro. Sera necesario reponerse de la perdida. En lo natural, uno se cansa después de un día de trabajo y necesita reponerse con alimento y descanso. En lo espiritual es igual. Uno necesita llenarse de nuevo de todo lo que Dios da.

Por esta razón, Sansón tenia mucha sed y clamo a Dios.

Es Tiempo de Clamar a Dios

Algo que yo he descubierto en mi servicio a Dios, es que

muchas veces cuando uno da lo que trae dentro y no se repone en Dios, el enemigo es rápido para traer algo falso a tu vida.

En ves de llenarte de Dios, tenemos la tentación de llenarnos con algo secundario; algo carnal - por ejemplo: la televisión, los medios de comunicación, conversaciones por teléfono que no edifican, etc.

¡Dios Es Fiel!

¡La Escritura dice que Sansón clamo a Dios y el Señor le dio agua de la cuenca que estaba en Lehi! **"Y abrió Dios la cuenca que está en Lehi y salió agua de ella. Cuando bebió, recobró sus fuerzas y se reanimo."**

Todo lo que uno necesita es pedir a Dios para Su avivamiento personal. ¡Dios es fiel en que El proveerá substancia para nuestras fuerzas y animo!

Cuando tu como siervo de Dios te sientas sin nada de fuerzas, desanimado, ¡en las peores de las situaciones y condiciones - cobra animo! – el Señor ya preparo un lugar para saciar tu sed en tu espíritu, alma y cuerpo! Regocíjate que Jesucristo ya venció y ha puesto RIOS dentro de ti!

Punto de Impacto

- Cuando ministras para Dios, es necesario responder lo que has dado. A través de oración, adoración, y meditación en Su Palabra, uno puede restaurar Sus fuerzas de nuevo en Dios.

- Nunca substituyas la llenura de Dios por algo secundario. ¡Espíritu llena a Espíritu!

☐ ¡Dios siempre será fiel para renovarnos!

11

¡Distinguidos Por Dios!

"Cuando alguien te invite a una fiesta de bodas, no te sientes en el lugar de honor, no sea que haya algún invitado más distinguido que tú. Si es así, el que los invitó a los dos vendrá y te dirá: "Cédele tu asiento a este hombre". Entonces, avergonzado, tendrás que ocupar el último asiento. Más bien, cuando te inviten, siéntate en el último lugar, para que cuando venga el que te invitó, te diga: "Amigo, pasa más adelante a un lugar mejor". Así recibirás honor en presencia de todos los demás invitados. Todo el que a sí mismo se enaltece será humillado, y el que se humilla será enaltecido." (San Lucas 14:8-11)

El Ministerio de Quebrantamiento

Esta mañana mientras leía San Lucas 14, me encontré esta escritura llena de sabiduría para todo obrero de Dios.

La tentación de querer ser reconocido nunca había sido mayor como en estos tiempos. ¡La necesidad de recibir aplausos, recibir confirmaciones y ser aceptado por otros - parece ser la orden del día!

Esta forma de pensar es muy diferente a lo que Jesús tenia en mente.

Parecía ser como que nuestro Señor Jesús tenia algo en "contra" a este sistema de aplausos y aceptaciones del hombre. También hay que recordar que Jesús nunca se entrego o se puso en las manos del hombre para ser manipulado por el.

El ministerio de quebrantamiento empieza con un corazón de humildad.

¿Que es humildad en los ojos de Dios?

Humildad simplemente significa poniendo a Dios primero en todo. Todas tus decisiones, todas tus acciones, etc. deben ser pasadas por la prueba de aceptación de Dios.

Si Dios lo acepta, lo puedes hacer; si Dios no lo acepta – entonces tu, como siervo de Dios, voluntariamente cedes el derecho de hacerlo y obedeces a Dios – este es quebrantamiento.

"Pasa a Un Lugar Mejor."

¡La promoción para tu vida nace en el corazón de Dios, no en el tuyo! Dios luego mueve el corazón de los que están arriba de ti en lugares de autoridad, para darte la promoción.

Nunca es bueno tratar de empujar una puerta antes de tiempo sin que Dios te lo haya mostrado. ¡No vaya a resultar que la puerta se te regrese y te de en la cabeza!

Muchas veces por ser impacientes, una encuentra lo inesperado. Por falta de prudencia, una a veces acaba esperando su promoción por mucho mas tiempo que si se hubiera esperado pacientemente.

Cuando uno camina en humildad y vive esta vida de "quebrantamiento," entonces es cuando el siervo de Dios entiende la economía de Dios y puede cultivar esta forma de caminar y servir a Dios.

Recuerda: ¡Busca los lugares bajos y Dios mismo te levantara!

Puntos de Impacto

- ¿Buscas reconocimiento entre los hombres?

- Dependes de que la gente te aprueba y te de complementos?

- Tu promoción viene de Dios a través del ministerio donde Dios te ha puesto.

- ¡Crece ahí donde Dios te tiene!

12

¿¡Terminaste Tu Torre!?

"Supongamos que alguno de ustedes quiere construir una torre. ¿Acaso no se sienta primero a calcular el costo, para ver si tiene suficiente dinero para terminarla? Si echa los cimientos y no puede terminarla, todos los que la vean comenzarán a burlarse de él, y dirán: "Este hombre ya no pudo terminar lo que comenzó a construir."
(San Lucas 14:28-30)

He aquí uno de los puntos claves en cuanto reclutar a discípulos para la obra del Señor.

Jesucristo mismo aclaro la mentalidad necesaria para llegar a ser un buen seguidor y también poder guardar un compromiso con Dios.

Es obvio que, durante los tiempos de Jesús, un movimiento había empezado. Este movimiento estaba *sacudiendo* la cultura presente y el impacto del reino de Dios se estaba sintiendo en grande.

Fue durante este tiempo que muchos deseaban seguirle a Jesús. Muchos que escucharon sus enseñanzas estaban convencidos que Jesucristo era el Mesías y deberían seguirlo.

Así fue como sucedió lo siguiente: Ciertas personas empezaron a compartir su sentir en cuanto a seguir a Jesucristo por el camino cuando lo inesperado les llegó. Jesús les comento que no era fácil seguirlo. Que cualquiera que desea seguirle iban a tener que pagar un cierto costo. Es entonces que Jesucristo uso esta ilustración en San Lucas 14.

¿Calificas O No?

Si uno desea construir una torre, pues desea algo bueno. Ahora, al hacer una torre no es fácil y obvio que cuesta dinero. Inmediatamente, uno se va a encontrar con obstáculos.

Esto se debe considerar en cuanto a seguir a Jesucristo. Se va a tomar tiempo, esfuerzo, dinero y sacrificio. Me pregunto yo, ¿Cuantos ya, se sienten descalificados?

Todos Podemos Empezar

Tal ves estos obstáculos no te asustan o te desanimen a seguir esta caminada con Dios, pero luego sigue la perseverancia.

La perseverancia es el taller donde todo obrero de Dios

es desafiado a seguir el largo camino de la disciplina. Es aquí donde tomamos lo de la torre muy en serio.

Todos podemos empezar un proyecto, pero pocos terminamos lo que empezamos.

¿Porque no terminamos lo que empezamos? ¿Es por tiempo? ¿Dinero? ¿Sacrificio? ¡No! No terminamos lo que empezamos por falta de disciplina en nuestras vidas.

¡La falta de perseverancia hasta ver resultados, a sido la enfermedad de muchos en el reino de Dios!

Acabas Como Burla…

El fin de muchos es este: "Si echa los cimientos y no puede terminarla, todos los que la vean comenzarán a burlarse de él [o de ti,] y dirán: **"Este hombre ya no pudo terminar** lo que comenzó a construir."

Después de hacer tantas promesas, compromisos y votos, empezamos nuestra visión. Luego que llega la prueba de dinero, la prueba de tiempo, la prueba de sacrificio y perseverancia abandonamos nuestro proyecto. ¿Cual excusa tenemos o podemos hacer para justificar nuestra falla? ¡No queda alguna!

Lea aquí lo que Jesús dijo en cuanto al tratar de justificarnos después de una falla: **"La sal es buena, pero, si se vuelve insípida, ¿cómo recuperará el sabor? no sirve ni para la tierra ni para el abono; hay que tirarla fuera. El que tenga oídos para oír, que oiga."** (San Lucas 14:34)

O sea, si uno pierde el favor [o sabor de la sal,] o la reputación o la confianza de las personas, como se podrá restaurar lo perdido [o sea, ¿el sabor de la sal]?

Puntos de Impacto

- ¿Te dio visión Dios para tu vida?

- ¿La has cumplido?

- ¿Has caído en la tentación de abandonar tu proyecto por falta de dinero, tiempo, sacrificio o perseverancia?

- ¡Guarda tu sabor! ¡Cueste lo que te cueste - no pierdas el sabor!

13

¡El Secreto del Aprendiz!

"Entonces el Señor se le acercó y lo llamó de nuevo: **—¡Samuel! ¡Samuel!—Habla, que tu siervo escucha — respondió Samuel.**" (1 Samuel 3:10)

Repasando y meditando esta historia del niño Samuel bajo el liderazgo del Sacerdote Elí, aprendí algo muy clave. Lo que aprendí es que uno nunca debe perder la simpleza de ser un aprendiz, especialmente en las cosas de Dios.

¡Creo que es fácil de olvidar las disciplinas básicas y a veces hasta ser negligentes con ellas! No tener disciplinas básicas desarrolladas en nosotros, pueda que nos cause mucho daño en el futuro.

En este pasaje, escuche lo siguiente: "**En ese momento los discípulos se acercaron a Jesús, y le preguntaron: «¿Quién es el mayor en el reino de los cielos?» Jesús llamó a un niño, lo puso en medio de ellos, y dijo: «De cierto les digo, que, si ustedes no cambian y se vuelven como niños, no entrarán en el reino de los cielos. Así que, cualquiera que se humilla como este niño es el mayor en el reino de los cielos…**" (San Mateo 18:1-4)

La Humildad de Un Niño

Jesús usó a un niño como ejemplo, de lo que un corazón de una persona debe ser o sea el corazón que agrade a Dios.

Jesús dijo, "**…si ustedes no cambian y se vuelven como niños…**" Este conjunto de palabras significa en las manuscritas originales griegas, transformación. Debe haber una transformación o cambio y obtener el mismo corazón que un niño. Para poder escuchar a Dios, es necesario tener un corazón dispuesto a ser enseñado. ¡Uno necesita una actitud que dice, "Yo no se mucho! ¡Por favor, enséñenme!"

Es obvio que nuestro Señor Jesucristo hizo la humildad una característica clave para recibir mayor provecho en cuestiones del reino de Dios. Sin humildad no se puede entrar, no se puede ver, y ¡no se puede vivir en el reino de Dios! ¡No hay misterio alguno aquí!

La persona que no entienda o capte el tema de humildad, no podrá aprovechar esta revelación y menos subir a niveles que Dios a preparado para el.

Lo Mejor Que Elí Pudo Hacer

Lo mejor que el sacerdote Eli pudo hacer, fue educar al joven Samuel en como y que postura tomar cuando Dios le estuviera hablando.

Ahora nos toca a nosotros tomar esta instrucción y así como fueron enseñados los profetas y todos los siervos de Dios, aprender a escuchar y sintonizarnos a la voz de nuestro Dios a través de Su Espíritu Santo.

Con humildad de corazón y gran deseo de escuchar instrucción de Dios – debemos abrir nuestro espíritu y decir juntos con Samuel, **"Habla, que tu siervo escucha."**

Puntos de Impacto

- ¿Eres rápido para conocer la voz de Dios?

- ¿Te has preguntado a veces porque es que Dios

no te habla?

- Humildad de corazón es la postura que le agrada a Dios.

- Cuando uno es rápido para escuchar y luego rápido para obedecer, Dios te confía aun mas revelación.

- ¡Dios solo le comparte Sus secretos a los que le importa escucharlos!

14

¡El Corazón del Líder Necio!

Samuel dijo a Saúl: "Has obrado neciamente; no has guardado el mandamiento que el SEÑOR tu Dios te ordenó, pues ahora el SEÑOR hubiera establecido tu reino sobre Israel para siempre. Pero ahora tu reino no perdurará. El SEÑOR ha buscado para sí un hombre conforme a su corazón, y el SEÑOR le ha designado como príncipe sobre su pueblo porque tú no guardaste lo que el SEÑOR te ordenó." (1 Samuel 13:13, 14)

Al escuchar las palabras del Profeta Samuel hacia el Rey Saúl cuando le dice, **"Has obrado neciamente; no has guardado el mandamiento que el Señor tu Dios te ordeno..."** - que cree usted que el Rey Saúl esta pensando?

Cuando uno se siente prepotente y lleno de orgullo por lo que "cree" que sabe o el estatus que siente que tiene delante de la gente, es fácil caer en esta actitud de descuido y negligencia hacia los mandatos o, mejor dicho, a los deseos de nuestro Dios.

¡El Aborto de Un Futuro!

Dios tenia un futuro ordenado para el Rey Saúl y su descendencia. Todo el pueblo sabia que el Rey Saúl fue escogido para liderar el pueblo de Dios, pero tristemente, el Rey Saúl no lo sabia! ¡Todos sabían las intenciones de Dios menos el Rey Saúl! ¿Como la ve?

Uno puede tal ves "hacer de las suyas" unas cuantas veces y decir, "Es que yo no sabia, ¡perdóname!" Tal ves te funcione varias veces, pero ten por seguro, que esto no continuara por mucho tiempo.

Nuestra negligencia se convertirá en habito y producirá un fruto amargo que nadie quiera probar de tu vida. ¡Tu liderazgo sufrirá en grande y "abortarás" el futuro que Dios había preparado para ti!

Conforme a Su Corazón

"Pero ahora tu reino no perdurará. El SEÑOR ha buscado para sí un hombre conforme a su corazón…"

La escritura es clara: Dios esta buscando un hombre que tenga un corazón el cual el pueda manejar y dirigir hacia Sus propósitos. Es importante para Dios tener un líder dispuesto a seguir las ordenes que el le dará.

En verdad, el reino de Dios no es para personas débiles y menos necias. Tarde o temprano, nuestra "carnalidad" nos echará de cabeza y se manifestará la pereza y la falta de honor y respeto a Dios.

Si deseas ser un buen líder para con Dios, necesitamos aprender que, sin un corazón quebrantado y un espíritu contristado, es imposible agradar a Dios.

Puntos de Impacto

- ¿Has encontrado en tu vida que a veces eres necio?

- ¿Si has sido necio – nunca te has preguntado porque eres así?

- ¿Has en algún tiempo bajado tu estándar de agradar a Dios?

- ¿Si acaso lo has hecho, como te restauraste?

- ¡El corazón que Dios busca, es un corazón quebrantado!

15

¡El Celo y la Envidia!

"Ahora bien, cuando el ejército regresó, después de haber matado David al filisteo, de todos los pueblos de Israel salían mujeres a recibir al rey Saúl. Al son de liras y panderetas, cantaban y bailaban, y exclamaban con gran regocijo:
«Saúl mató a sus miles,
 ¡pero David, a sus diez miles!»
Disgustado por lo que decían, Saúl se enfureció y protestó: «A David le dan crédito por diez miles, pero a mí por miles. ¡Lo único que falta es que le den el reino!» Y a partir de esa ocasión, Saúl empezó a mirar a David con recelo." (1 Samuel 18:6-9)

Te a sucedido que tu le 'echas muchas ganas' al trabajo;

trabajas día y noche, arduamente, fielmente y mucho sacrificio – y luego llega otra persona que ni siquiera hace la mitad de lo que tu haces y le va mejor que a ti?

Parece ser que, para estas personas, todo lo que tocan, se convierte en oro; pero en tu vida, ¿nada te sale bien y estos son tus resultados después de mucho sacrificio? ¡¿Que injusticia que no!?

¿A Que Se Debe Esto?

Esto se debe a la gran prueba de la envidia y el celo. La envidia y el celo se encuentran en todos los corazones, y el potencial de ellas, puede ser desastroso para cualquiera.

En la historia de el Rey Saúl y David esto se puede ver en gran claridad.

Dios le dio gran favor a David en la presencia del Rey Saúl. Como David se comportaba con prudencia – esto le ayudaba a David encontrar mas y mas favor con Dios.

En el día que David mato al filisteo, la gente de Israel celebraba en grande. Las mujeres empezaron a cantar un cantico nuevo, cual, por cierto, no le gusto al Rey Saúl. El canto se iba algo así:

«*Saúl mató a sus miles,*
 ¡pero David, a sus diez miles!»

El Celo y La Envidia

¡Cuando el Rey Saúl escucho este cantico nuevo, le enfureció muchísimo! Lleno de celo y de envidia, el Rey Saúl empezó a buscar oportunidades para deshacerse de David.

La gran tragedia de todo esto es que el celo y la envidia te destruirán tu vida interna. Te comerá como un cáncer y no podrás funcionar para Dios con esa enfermedad espiritual.

¡Que No Seas Tu!

Cuando alguien tenga éxito, no dejes que la envidia y el celo te dominen. Esto es muy grave. No hay nada peor para el siervo de Dios que sea de gran tropiezo como el celo y la envidia hacia otra persona.

Puntos de Impacto

- Lee la historia de El Rey Saúl y David en los capítulos 1 Samuel 17 y 18.

- ¿Has encontrado envidia y celo en tu propia

vida?

- Si estas tratando con esta situación, ¿que es lo que estas haciendo para vencerla?

- La mejor manera de vencer la envidia y el celo se encuentra en tomando una actitud diferente hacia la persona que esta logrando el éxito. Casi siempre la envidia y el celo es el pecado de la persona mayor o el líder que lleva mas tiempo liderando. Uno debe tomar la actitud de un padre espiritual y ver a los que logran el éxito, como hijos que van creciendo. Apoyarlos y orar por ellos destruye el celo y la envidia.

16

¿Qué Voz Te Esta Guiando?

"Los filisteos atacaron la ciudad de Queilá y saquearon los graneros. Cuando David se enteró de lo sucedido, consultó al Señor: —¿Debo ir a luchar contra los filisteos? —Ve —respondió el Señor—, lucha contra los filisteos y libera a Queilá." (1 Samuel 23:1, 2)

Creo que muchos de los "problemas" que la gente tiene o situaciones que estén pasando - son debidas a ciertas violaciones de los principios escritos por Dios.

Muchas veces queremos culpar a otras personas por lo sucedido, pero la verdad de las cosas es que somos nosotros los que hemos fallado y no nos hemos mantenido firmes en lo que Dios ordena.

Ahora, hay muchas razones por las cuales a veces nos sentimos apresurados, preocupados, o afanados por lo que vemos a nuestro alrededor. ¡Cualquier persona se puede afanar por las circunstancias!

Mi punto clave de esta meditación es este: Cuando saber que voz escuchar, para poder tomar la acción apropiada o correcta en las diferentes situaciones que pasamos en nuestras vidas, ministerios, o negocio.

¿Que Hacemos?

Como podemos leer en la Escritura de 1 de Samuel, David primero consultó con Dios antes de ir detrás de los filisteos.
Claro que había necesidad de ir detrás de ellos o sea había justificación para hacerlo. Sin embargo, David no se dejo llevar por la necesidad si no que se encomendó a Dios

primero y lo consultó en cuanto a lo sucedido.

Discerniendo Las Diferentes Voces

Hay diferentes voces en el mundo y todas tienen significado. Todas las voces que escuchamos tienen una meta o sea tienen un fin. ¡El discernimiento empieza aquí!

1. *La Voz Carnal*. Esta voz es la voz que busca la ganancia propia. Esta voz esta arraizada en la idea de engrandecer el ego del hombre o mujer. Esta es la voz que dice, "Si me conviene, la obedeceré. Si me exalta, la obedeceré. ¡Si no me perjudica, la obedeceré! ¡Si no me cuesta nada, la obedeceré! ¡Si no me pide nada a cambio, la obedeceré!

Cuando la voz carnal esta en control de tu vida, solo te llevara a la corrupción una y otra vez. La voz carnal no puede agradar a Dios, porque no sigue el consejo de Dios y básicamente, ¡porque no puede seguirlo!

Las personas inmaduras tienden a caminar bajo esta voz y se dejan llevar por el tono de esta dulce voz hasta llegar a la destrucción. ¡Sin saberlo, van como ovejas al matadero!

2. *La Voz del Espíritu*. Esta voz, es la voz que suena en el hombre interior; una voz muy sutil pero poderosa para el hombre nuevo que vive en ti. ¡Uno necesita aprender a escuchar esta voz, cultivarla y obedecerla – esta es la voz del Espíritu!

La voz del espíritu se destaca con un cierto sonido: Es la voz que dice, "Entrégate por completo, y avanzarás el reino de Dios. ¡Sacrifica todo y avanzarás el reino de Dios! ¡No busques ganancia propia y avanzarás el reino de Dios! No busques el camino fácil, y avanzarás el reino de Dios. ¡No consideres tu vida y verás como Dios te sube a lo sumo"!

Espero que esta meditación te ayude a reconocer las diferentes voces que no llaman continuamente en nuestro caminar y servicio para con Dios. Siempre recuerda que la voz de Dios nunca manipula o produce temor. ¡Su voz siempre nos lleva a la victoria!

Puntos de Impacto

- ¡La voz del Espíritu siempre produce paz!

- ¡La voz carnal produce un sentir de emoción, pero se desvanece rápido!

- Si la voz que escuchas te causa confusión, o te quita la tranquilidad, entonces esta voz no es la voz del Espíritu de Dios.

☐ ¡La voz del Espíritu siempre te lleva al avance del reino de Dios en la tierra!

17

¿Eres Un Instrumento de Confianza?

"Por la fe Noé, cuando fue advertido por Dios acerca de cosas que aún no se veían, con temor preparó el arca en que su casa se salvase..." (hebreos 11: 7ª)

Una de las Escrituras mas claves que me han sido de gran enseñanza en mi caminar, es hebreos 11:7. Permítame compartirle esta revelación. Yo creo que le será de gran uso para su vida, ministerio y negocio.

Plan de Dios

Noé fue escogido por Dios en un tiempo cuando el mundo se había corrompido. Dios no estaba contento con las obras del ser humano y puso en plan, destruir al mundo.

Para esto, Dios buscó a un hombre que cumpliera un deseo: El deseo era de hacer un arca para que Noé y su familia se salvaran.

Cuando Dios habla con Noé, le da los detalles sobre este proyecto. El arca seria hecha de tal manera a que no se destrozará durante este gran diluvio que Dios iba a traer al mundo.

Ahora, Noé nunca había visto lluvia. Noé nunca había escuchado a Dios enojado. Noé tampoco había conocido las intenciones de Dios hasta este día que Dios se le apareció en Génesis capitulo 6.

¡Corazón y Manos a la Obra!

Al escuchar la visión de Dios, Noé tuvo que hacer dos cosas:

1. Internalizar lo que Dios dijo en su propio corazón y mente.

Cuando Dios nos habla, siempre se debe tomar por fe. Creer que Dios dijo todo lo que viste en tu corazón es el primer paso. Ya que "creas" en tu corazón y mente, entonces ya puedes seguir al segundo paso.

2. Poner por obra lo que Dios le pide.

Ya que escuchemos el deseo de Dios y teniendo el plan especifico de Dios en nuestras mentes y corazones – entonces ahora hay que poner nuestras manos a la obra.

La escritura nos enseña que Dios tocará dos partes de nuestra vida cuando quiero revelarnos algo. Primero el corazón y mente; y luego la vivificación para obrar dentro de ese plan.

Puntos de Impacto

☐ Todo encuentro con Dios es con propósito de profundizar nuestra vida en El.

☐ Cuando Dios habla, es con intención de llevarnos a otra dimensión para nuestro crecimiento.

☐ "Rápidos para escuchar y rápidos para obedecer," es la orden divina del hombre quebrantado.

☐ Cada revelación de Dios que El nos da, es una prueba. Si obedecemos, ¡nos dará mas!

☐ Hay que siempre desear y buscar de ser un instrumento de confianza para Dios.

18

Examíname, Oh Dios!

"¿Y qué más puede añadir David hablando contigo? Pues tú conoces a tu siervo, Señor Jehová." (2 Samuel 7:20)

Si hay algo que todo obrero de Dios debe aprender es esto: Dejar que Dios le conozca hasta lo mas profundo de su ser. ¡Es necesario tener este tipo de relación con Dios si acaso vamos a experimentar un mover de Dios!

El mover de Dios, para empezar, se encuentra en la mente de Dios. Es imposible saber lo que Dios esta pensando, si nunca lo buscamos.

Al conocer las intenciones de nuestro Dios, podremos organizar nuestras vidas según el pedido de Su voluntad. Es aquí donde aprendemos lo que significa contar el costo: haremos los cambios necesarios, cuanto tiempo y dinero podemos invertir, cuales sacrificios podremos hacer, etc.

¡No Sabes Lo Que No Sabes!

David sabía algo que muchos contemporáneos de su época no sabían, no entendían, y no estaban dispuestos a vivir. David conocía a Dios y Dios conocía a David. Es con mucha razón que David era un hombre escogido; era un vaso dispuesto a ser moldeado por la mano de Dios.

Un obrero de Dios, especialmente en estos tiempos, no puede darse el lujo de abandonar este llamado de estar en unánimes con Dios en el lugar secreto. Su ministerio y su vida, depende de esta experiencia.

Un Corazón Abierto

"Examíname, oh, Dios, y sondea mi corazón;
ponme a prueba y sondea mis pensamientos.
Fíjate si voy por mal camino, y guíame por el camino
eterno."
(Salmo 139:23-24)

El valor de invitar a Dios y pedir que 'examine' y 'sondee' el corazón – tiene que ser una de las disciplinas mas poderosas que demuestra la humildad y el quebrantamiento por el ser humano en toda la Biblia.

Al vivir nuestras vidas dentro de una cultura que va contra los principios bíblicos, muy fácil uno puede perder el camino del Señor. Hay mucho que llama la atención a la carne y seduce hasta el mas espiritual de nosotros.

Todavía peor, uno también puede que caiga en las obras de la carne dentro de su ministerio. Buscando la relevancia de una cierta cultura y en cambio, dejar de predicar o enseñar los caminos rectos del Señor - así como muchos lo han hecho en estos tiempos de gran necesidad económica.

Si en un tiempo a existido el motivo de buscar de Dios – el tiempo es hoy. Pedir a Dios que nos 'examine' a diario, seria el equivalente de un soldado revistiéndose con su armadura para una batalla.

Puntos de Impacto

- Busca la palabra "examinar" y la palabra "sondear" en el diccionario y memoriza sus definiciones. Esto es exactamente lo que David le pidió a Dios.

- ¿Cuándo fue la ultima vez que dejaste que Dios te examinara?

- ¿De verdad conoces a Dios?

- ¿Que relación tienes presentemente con Dios?

- Todo ministerio debe nacer y fluir de una intimidad con Dios. Si algo nace de tu carne producirá corrupción; si algo nace del espíritu de Dios, producirá fruto y no solo para este tiempo – pero para los tiempos venideros.

19

¡Espera Tu Tiempo!

"Aconteció después de esto, que Absalón se hizo de carros y caballos, y cincuenta hombres que corriesen delante de él. Y se levantaba Absalón de mañana, y se ponía a un lado del camino junto a la puerta; y a cualquiera que tenía pleito y venía al rey a juicio, Absalón le llamaba y le decía: ¿De qué ciudad eres? Y él respondía: Tu siervo es de una de las tribus de Israel. Entonces Absalón le decía: Mira, tus palabras son buenas y justas; mas no tienes quien te oiga de parte del rey. Y decía Absalón: ¡Quién me pusiera por juez en la tierra, para que viniesen a mí todos los que tienen pleito o negocio, que yo les haría justicia! Y acontecía que cuando alguno se acercaba para inclinarse a él, él extendía la mano y lo tomaba, y lo besaba. De esta manera hacía con todos los

israelitas que venían al rey a juicio; y así robaba Absalón el corazón de los de Israel." (2 Samuel 15:1-6)

Repasando la historia de Absalón, me trajo a mi memoria de como una persona que se considera apegado y fiel a ti, pueda traicionarte.

Absalón era hijo del Rey David y aparentemente, un hombre muy apreciado por el pueblo de Israel.

Este mismo Absalón, aunque siendo hijo, tenia un gran defecto en su carácter – el deseo de ser rey de Israel antes de que llegara su tiempo para que fuera rey.

Cuando un líder o un siervo de Dios, no entiende los tiempos que Dios a preparado para el, acabara cometiendo todo tipo de errores en su caminada con Dios. A veces cuando uno no tienes la madurez en muchas áreas, una acaba "abortando" su liderazgo. ¡Esto se tomará mucho tiempo para reparar!

En el caso de Absalón, el pensó que, si podía dar consejo, o sea, tomar un papel de juez en la tierra, que su nombre seria mas reconocido entre el pueblo de Israel. La verdad esto parecía que funcionaba, pero solo fue por un corto momento.

Si uno no puedo evaluar su propio corazón en la luz de la eternidad, uno terminará destruyendo su ministerio, familia, negocio y hasta su propia vida.

Ladrón de Corazones

La escritura dice que, "…y así robaba Absalón el corazón de los de Israel." Yo creo que ninguna forma de robo es buena; este tipo de robo tiene que ser una de las peores formas: El hacer creer a la gente, que tenia sabiduría igual que su padre el Rey David, y la gente se creía y le seguía.

¡Poco a poco fue aumentando su influencia hasta cometer una grave traición contra su padre, el auto-declararse rey!

¡Cuando uno hace las cosas mal – siempre acaban mal! Lo que uno siembra, eso cosecha.

Después de cometer esta grave traición, Absalón muero una terrible muerte. Puede leer esta tragedia en 2 Samuel 18:9-14.

Si eres líder en cualquier área – no traiciones a tus lideres. Espera tu tiempo para que llegue la promoción. No te atrevas a cruzar esa línea de autoridad. ¡Te lo repito, no terminaras bien!

Puntos de Impacto

- Tal vez nunca has traicionado a tu líder, pero has tenido los pensamientos de hacerlo. Guarda tu corazón de cometer esto – se paciente con el proceso de Dios.

- Cuando te ponen como el encargado de un cierto ministerio, te consideras digno/a o te quebrantas por que sabes que no te lo mereces?

- Cuando alguien te pone en una posición de autoridad, siempre recuerda: ¡Dios te esta probando con esto!

- ¡Como sirviente de nuestro Señor Jesucristo, lo que siembres cosecharas!

20

¡Revestidos!

"Ahora voy a enviarles lo que ha prometido mi Padre; pero ustedes quédense en la ciudad hasta que sean revestidos del poder de lo alto." (San Lucas 24:49)

Para dar seguimiento a Sus palabras en cuanto a la gran comisión, Jesucristo dijo, **"Ahora voy a enviarles lo que ha prometido mi Padre…"** ¿Que fue lo "prometido?" ¡Esta promesa es nada mas y nada menos, que la llenura del Espíritu Santo!

Es obvio que todo lo que Dios pide o da de tarea, requiere poder de Dios para cumplirse. Es imposible cumplir la voluntad de Dios en "la carne" y es por eso por lo que Dios provee Su Espíritu para que la orden divina de Dios se pueda cumplir.

¡Todo siervo de Dios debe entender esto! ¡Sin Dios obrando en ti y a través de ti, el único que recibe la atención eres tu y no Dios!

Deje le comparto tres cosas de suma importancia para como un obrero de Dios debe alinear su perspectiva en Dios:

1. El obrero/siervo debe saber que Dios tiene una promesa para el o ella. Dios esta dispuesto a llenar a cualquier persona que clame a el. Creo que, en muchas situaciones, el obrero se siente incapaz y sin poder para hacer lo que Dios le pide. ¡Hermanos esto no es culpa de Dios! ¡La falta de poder y habilidad viene por causa de que el siervo no se apropia de esta poderosa promesa de que Dios quiere revestirnos con Su poder!

2. La siguiente cosa que el obrero o siervo de Dios debe captar, es que esta promesa, no viene solamente con saber que hay promesa; el obrero debe esperar fervientemente sabiendo que Dios lo quiere bautizar en fuego. La escritura dice, "**...pero ustedes quédense en la ciudad hasta...**" Esperar en un lugar secreto es lo mas difícil – pues a la carne no le gusta la idea de esperar, ¡especialmente esperar en fe! ¿Cuanto se debe esperar? ¡La escritura nos invita a esperar hasta! O sea, uno debe esperar hasta que Dios llene la persona con este poder. ¡Si te vas antes de tiempo, te puedes perder esta bendición!

3. ¡Por ultimo, el siervo de Dios debe sentir o experimentar que ha sido revestido con poder de lo alto! ¡Esto es un sentir, esto no es por fe! O sea, la llenura demanda experiencia. En muchos casos en la iglesia primitiva y hoy en la iglesia moderna, el hablar en lenguas todavía es la manifestación de que lo sobrenatural ha iniciado en

la persona. Cuando uno es revestido de este poder, todo lo necesario para llevar acabo la obre del Señor, esta presente.

Quiero concluir con esto: Toda persona que ha nacido de nuevo debe tomar la llenura del Espíritu Santo con gran seriedad. Sin el poder de Dios en nosotros, no seremos diferentes al espíritu del mundo.

El siervo de Dios siempre será distinguido por la unción que mora poderosamente en el y a través de el.

Puntos de Impacto

☐ En la orden de Dios, un siervo siempre debe poner a Dios primero en todo lo que haga.
O sea, pedir permiso a Dios si algo es permisible o no, esto es la regla divina.

- ¡Busca la llenura del Espíritu Santo! ¡Si no has recibido la llenura del Espíritu Santo, debes hacerlo ya!

- La oración es el lugar donde uno recibe confirmación de Dios. La regla aquí es: ¡No te levantes de este lugar de oración hasta que Dios te haya tocado!

21

¡En Dios-Todo Es Posible!

"Felipe buscó a Natanael y le dijo: —Hemos encontrado a Jesús de Nazaret, el hijo de José, aquel de quien escribió Moisés en la ley, y de quien escribieron los profetas. —¡De Nazaret! —replicó Natanael—. ¿Acaso de allí puede salir algo bueno? —Ven a ver —le contestó Felipe." (San Juan 1:45-46)

Me gustaría llevarlo al lugar donde Felipe lleno de emoción y contento porque en su mente y en su corazón había encontrado lo que parecía ser, "aquel de quien escribió Moisés en la ley, y de quien escribieron los profetas."

Al expresar su corazón, Natanael no tenia el mismo sentir que Felipe. Es mas, Natanael dijo, —¡De Nazaret! —rep-

licó Natanael—. **¿Acaso de allí puede salir algo bueno?**
¿Que sabia Natanael de Nazaret? ¿Porque dijo esto? Bueno tal ves Natanael tenia razón. ¿O sea, como es que una ciudad tan pequeña e insignificante pueda producir algo bueno? ¿Como es posible que los profetas tengan su mirada en un pueblito, especialmente cuando se trata de cosas graves e importantes como el cumplimiento de una profecía en respecto al mesías?

¡Un Dios Sin Limites!

Para empezar, déjenme les comparto que, en Dios, nunca se han visto las limitaciones. Es mas, en Dios no hay limitaciones cuando se trata de llevar acabo su voluntad. Dios usará toda Su creación para recibir gloria.

Ahora vamos a ver un poco mas afondo las palabras de Natanael.

En mi opinión, las palabras de este hombre suenan mas como las palabras del enemigo. Tienen un tono medio sarcástico y parece ser que Natanael no tenia la menor idea de quien era Dios.

Tal ves Natanael creció escuchando los testimonios de cómo Jehová Dios hizo grandes milagros y prodigios en el pasado, pero, sin embargo, esto era algo del pasado, y muy fácil de olvidar.

El Plantador de La Duda

Así como Natanael hay muchos obreros. Muy fácil se desaniman y echan sus ministerios al "voladero." Ven muy poco avance y ya no quieren seguir. ¿El enemigo es astuto y viene en el tiempo oportuno para desanimar diciendo, "Acaso de allí puede salir algo bueno?"

El enemigo es un maestro en cuanto a plantar semillas de duda. Es muy posible que el enemigo influya hasta el mas fuerte.

¡Satanás siempre espera que uno caiga en depresión o en desanimo - luego viene con una gran frase para dominar hasta el hombre mas valiente y audaz en la fe!

¡Siempre Guarda Tu Visión en Jesucristo!

¡Querido siervo de Dios – mantiene tu visión en Cristo Jesús! Es Dios el que te ha llamado para hacer buenas obras y nadie mas. ¡Cuando Cristo te trajo a este planeta, fue con la intención de llenarte con Su gloria!

¡Obvio que el enemigo no quiere esto de ti y por esa razón, hace lo posible para eliminarte de la carrera!

¿Cuándo el enemigo venga y te diga, **"Acaso de allí puede salir algo bueno?"** Aunque las cosas se vean imposibles, tu respuesta siempre debe ser, ¡"Si!" ¡A menos que Dios te diga lo opuesto!

Puntos de Impacto

- ☐ ¿Has en un tiempo escuchado la voz de desanimo? ¿Que hiciste después de oírla?

- ☐ ¿Has dudado de Dios?

- ☐ ¿Has dudado de ti mismo?

- ☐ ¿Crees que Dios te llamo para cumplir algo impactante en la vida?

- ☐ ¡No te dejes llevar por frases falsas!

22

¡El Valor de Esperar en Dios!

"Espera al SEÑOR; esfuérzate y aliéntese tu corazón. Sí, espera al SEÑOR." (Salmos 27:4)

Esperar en el Señor suena muy bonito y parece ser muy fácil de hacer. La realidad es que muchos creyentes usan estas palabras a la ligera sin saber la consecuencia de lo que significa esperar en el Señor.

¡Mis amados, esperar en el Señor significa mucho, mucho pero mucho mas!

Por si no lo sabía: ¡Esperar en Dios es una de las disciplinas mas difíciles de mantener!

La batalla de querer agradar y pacificar la carne siempre esta a la orden del día; es por eso por lo que el esperar que el Señor nos hable o se mueva, nunca va de acuerdo con los deseos de la carne.

El siervo de Dios siempre esta en batalla con la carne y sus deseos, mientras Dios está tratando de manifestar Su gloria a través del vaso humano. Si cooperamos con la carne, no agradaremos a Dios; si cooperamos con Dios, ¡Su gloria será manifestada!

A nosotros se nos a dado el privilegio de escoger con quien vamos a cooperar.

Ahora si cooperamos con Dios y esperamos en Su dirección - los beneficios pueden ser impactantes. El fruto de esperar en el Señor y luego poder tomar acción según Su voluntad, es la meta.

Permítanme compartir tres cosas que un siervo de Dios recibe, cuando espera en el Señor:

1. *¡Dios nos apoyará en todo lo que hagamos dándonos Su favor!*

Cuando nuestros corazones se mueven al ritmo de Dios, todo lo que hagas, será respaldado por el Señor. Cuando permitimos que Dios nos guíe – siempre estaremos caminando bajo Su favor. El favor de Dios en nuestras vidas es de suma importancia.

2. *¡Si esperamos en Dios, nos mantendremos dentro de Su voluntad!*

Viviendo y caminando dentro de la voluntad de Dios, nos da autoridad dentro de Su reino. ¡El enemigo puede hacer el intento de robarnos la paz - pero si estamos bajo el paraguas de autoridad de Dios, no nos tocará!

3. *Por último, si esperamos en Dios, tendremos una consciencia limpia.*

Caminar bajo la orden de Dios nos hará libre de culpa y de convicción de desorden. Cuando nuestras mente y corazones esten sanos – todo lo que hagamos producirá buen fruto.

Puntos de Impacto

- Esperar en el Señor debe ser algo que se hace con intención. Debe haber disposición de nuestra parte en esperar.

- Siempre habrá tentación de agradar la carne – pero hay que preguntarle a Dios antes de tomar cualquier acción.

☐ Si algo se tiene que hacer rápido, casi por seguro, ¡que esto no es de Dios!

23

¡Siervos de Calidad!

"David ya estaba próximo a morir, así que le dio estas instrucciones a su hijo Salomón: «Según el destino que a todos nos espera, pronto partiré de este mundo. ¡Cobra ánimo y pórtate como hombre!" (1 Reyes 2:1, 2)

Si usted a leído los primeros capítulos de 1 de Reyes, usted encontrará al Rey David terminando su carrera como rey de Israel y su hijo Salomón empezando como rey.

Es interesante la platica que tiene el gran Rey David con su hijo. Escuche: "¡Cobra ánimo y pórtate como hombre!" Antes de pasarle el reino a Salomón, su padre, primero que nada, le dice, ¡"Cobra animo y pórtate como hombre!" Wow!

Que Significa, "¿¡Pórtate Como Hombre!?"
Para empezar, yo creo que Salomón ya sabia lo que tenia que hacer come un nuevo líder; creo que había sido capacitado lo suficiente en los protocolos de cómo ser un rey.

¡Lo que yo creo que este hombre no había recibido, eran palabras que tocaran su carácter! Salomón necesitaba oír esto de un líder y que mejor mentor, que su padre el Rey David.

Las palabras, pórtate como hombre llevan en si el significado de calidad. El Rey David estaba diciéndole a su hijo, "Necesitas ser un hombre de calidad." O sea, no importa cuanta enseñanza tengas en tu vida – si no tienes carácter, ¡no has logrado nada!

¿Que significa la palabra calidad?

Un de las pruebas mas fuertes para todo líder es la de carácter. Como Dios hace que una persona madure dentro de Su plan, es lo mas importante para Dios - digo importante por esta razón: ¡Si el hombre no madura, no se vuelve en el tipo de hombre de calidad que Dios pide – ese hombre no llevará en si, la presencia de Dios mismo!

¿Que es la definición de la palabra calidad? La palabra calidad se define así: una naturaleza peculiar o esencial; grado de excelencia.

Mis amados, es obvio que Dios busca siervos con esta destacada característica. Es necesario para Dios tener vasos de esta calidad para el avance de Su gloria en la tierra.

Puntos de Impacto

☐ ¿Has aprendido la calidad que Dios quiere de ti?

- Las pruebas que llegan a nuestras vidas nos suceden intencionalmente. Detrás de ellas (pruebas,) esta la intención de Dios en transformarnos.

- Todo lo que hagas para el Señor, hazlo con excelencia.

- El grado de tu transformación será el grade de las oportunidades que Dios te dará.

- Que significa para ti las palabras ¿¡Pórtate como hombre!?

24

¿Hasta Cuando?

"Estaba allí un hombre que hacía treinta y ocho años que estaba enfermo. Jesús lo vio acostado allí y supo que ya llevaba mucho tiempo en aquella condición, le dijo: "¿Quieres ser sano?" (San Juan 5;5, 6)

Esta mañana meditando sobre este hermoso pasaje, sentí del Señor esta devoción muy adentro de mi. Creo que esta palabra ministrará a todo siervo de Dios que tenga oídos para oír:

Lo primero que llego a mi, fue la realidad de que Dios esta muy atento a nuestra condición personal. ¡Dios todo lo sabe! No hay nada que este escondido en los ojos de nuestro Padre Celestial.

La siguiente cosa que llego a mi, fue esta pregunta: ¿Acaso me he dado cuenta yo de mi condición (natural, espiritual, emocional, etc,) delante de Dios?

Sabiendo que Dios todo lo sabe y que nos conoce súper bien especialmente nuestra condición o necesidad delante de Dios – nos deja una pregunta mas: "¿Deseamos ser libres de nuestra aflicción?"

Una Idea Lejana

La idea de tan siquiera pensar que nos merecemos mas de lo que tenemos, es un pensamiento muy lejano del nivel en el que nos encontramos. ¡Nos hemos conformado con la aflicción y no deseamos salir de ella!

Cuando Jesucristo se le acerca a este hombre que había estado enfermo por treinta y ocho años, el Señor le pregunta, "¿Quieres ser sano?" El hombre luego le saca un cuento: "El enfermo Le respondió: **"Señor, no tengo a nadie que me meta en el estanque cuando el agua es agitada; y mientras yo llego, otro baja antes que yo."** (San Juan 5;7)

¿Cuantas Excusas Mas?

Las excusas sobre abundan cuando se trata de avanzar en el reino de Dios. Por tan legitima que sea la razón, una debe dejar de hacer excusas. ¡La persona que avanza en la vida es la persona que deja de hacer excusas!

Es imposible avanzar cuando tus ojos solo ven las trabas, los valles, los gigantes, las imposibilidades, etc. Los que avanzan han decidido morir al filo de la espada haciendo el intento. ¡Hay que aprender a luchar hasta la muerte!

¿Si no lo hago yo, entonces quien? ¿Si no lo hago hoy – entonces cuando? ¿Si no es aquí, entonces donde? Amen.

Puntos de Impacto

- ¿Estas luchando contra una aflicción en tu vida?

- ¿Estas venciendo la prueba o la prueba te tiene atrapado?

- ¿Has pedido al Espíritu Santo por sabiduría que te saque de esta aflicción?

- Para avanzar, uno necesita poner su mirada en la Tierra Prometida, no en los gigantes.

25

Jesús En la Barca!

"Cuando ya anochecía, sus discípulos bajaron al lago y subieron a una barca, y comenzaron a cruzar el lago en dirección a Capernaum. Para entonces ya había oscurecido, y Jesús todavía no se les había unido. Por causa del fuerte viento que soplaba, el lago estaba picado. Habrían remado unos cinco o seis kilómetros[a] cuando vieron que Jesús se acercaba a la barca, caminando sobre el agua, y se asustaron. Pero él les dijo: «No tengan miedo, que soy yo». Así que se dispusieron a recibirlo a bordo, y en seguida la barca llegó a la orilla adonde se dirigían."
(San Juan 6:16-21)

Acabo de ver un punto muy crucial en lo que es permitir que Dios este dentro de todo lo que hagamos en esta vida.

Si permitimos que nos dirija, el camino será mas seguro. Si no le permitimos, y nosotros a través de nuestra propia sabiduría queremos llegar a un lado, tal ves el camino no será tan seguro como pensamos.

En todo tipo de liderazgo, el líder debe saber hacía donde vá. El no conocer o saber el fin de un principio, se a comprobado *desastroso* en demasiadas ocasiones.

Cuando una persona decide caminar bajo la dirección de Dios, uno debe seguir la voz de Dios, al Espíritu Santo. La única Persona que conoce el camino - es el Espíritu de Dios.

Navegando Solos

En la historia que estoy compartiendo, los discípulos se habían subido a una barca con rumbo a Capernaum. Para esto, ellos se habían ido sin el Señor. Luego empezó a oscurecer y estaban empezando a sentir talvés un poco de preocupación por razón de que Jesucristo no había llegado. ¡Y por si acaso esto fuera poco, tambien un fuerte viento empezó a soplar!

¿Cuantas veces hemos tomado pasos sin la dirección de Dios? ¿Cuantas veces nosotros hemos analizado que era seguro tomar una decisión sin saber que todo terminaría en desastre? Creo que muchos lo hemos vivido. Estos discípulos pasaron una experiencia similar.

¡Jesús Aparece!

Fue durante esta exacta hora que Jesucristo aparece. La primera reacción de estos discípulos fue de temor, la escritura dice que se asustaron. No lo reconocieron hasta que el Señor mismo dijo, «**No tengan miedo, que soy yo**».

¡La presencia de Jesucristo es tan poderosa que cuando nosotros sabemos que el esta presente, todo temor, duda, y toda inseguridad, se vá!

¡Su Presencia Hace Toda La Diferencia!

Luego dice la Palabra de Dios, **"Así que se dispusieron a recibirlo a bordo, y en seguida la barca llegó a la orilla adonde se dirigían."**

Este versículo nos enseña varias cosas:

1. Al verlo que llego, **"se dispusieron a recibirlo a bordo..."**

Sabiduría es saber que Dios es el único que nos puede guardar de toda maldad y adversidad. El sabio sabe cuando invitar a Dios a que venga y forme parte de su familia, negocio, ministerio, etc.

2. La escritura dice que, al subir Jesús a la barca, **"en seguida la barca llegó a la orilla a donde se dirigían."**

Mientras Jesús este dentro de tu vida, de tu ministerio, de tu negocio, o un proyecto dirigido por El – siempre estarás a un buen lugar. ¡El secreto del éxito es este: Cuando Dios inicia el proyecto, Su favor y gracias te acompañarán en todo.

Puntos de Impacto

- Nunca creas que eres tan sabío como para tomar un proyecto sin la ayuda de Dios.

- ¡Has al Espíritu Santo tu mejor amigo!

☐ Siempre es bueno evaluar si Dios esta guiando tu vida en todo. Has una evaluación personal:

(1) ¿Estoy teniendo intimidad con Dios al diario?

(2) ¿Estoy teniendo mas comunión con el Espíritu Santo y la Palabra de Dios?

(3) ¿Estoy permitiendo que Dios me dirija en mi caminar en todo?

(4) Estoy basando mis decisiones en los principios de la Palabra de Dios?

(5) El *quebrantamiento* significa poner la voluntad de Dios primero. ¿Hago esto?

Información de Ministerio

Para obtener mas información sobre el ministerio de Masterbuilder Ministries, Inc., predicas, seminarios de liderazgo, conferencias o instituto Biblico, por favor de escribir a nuestro correo electrónico a David Mayorga:

david_mayorga@sbcglobal.net
mayorga1126@gmail.com

Para visitar nuestras páginas de internet:
:
www.masterbuildertx.com
www.dmayorga.com
www.shabarpublications.com

Puede localizar nuestras oficinas a este domicilio:

Masterbuilder Ministries, Inc.
3833 N. Taylor Rd.
Palmhurst, Texas 78573

Volumen 1

Volumen 1

Volumen 1

www.ingramcontent.com/pod-product-compliance
Lightning Source LLC
Chambersburg PA
CBHW070944080526
44587CB00015B/2214